発達と障害を考える本 ①

ふしぎだね!?

# 自閉症のおともだち

内山登紀夫=監修　諏訪利明・安倍陽子=編

ミネルヴァ書房

# はじめに

あなたは、自閉症ということばを知っていますか？　または近くに自閉症のおともだちがいますか？

この本は、自閉症という障害について知らなかった人には知ってもらいたい、また、近くに自閉症の人がいるという人には、少しでもその人を理解してほしいという願いから作りました。

この本では、自閉症のおともだちの行動をとおして、具体的にどんな障害なのかをしょうかいしています。

自閉症のおともだちの感じ方や考え方がわかるようになって、まわりの人がおともだちのことをみぢかに考えることができたら、自閉症のおともだちもわたしたちも、これまで以上にくらしやすくなるでしょう。

ここにあげたおともだちの例は、ほんの一部です。わたしたちにも一人ひとり個性があるように、自閉症のおともだちにも、人によってさまざまなちがいがあります。そのことをわすれないで、この本を読んでください。

なお、自閉症は、最近では「自閉スペクトラム症」とよぶことが多くなっています。くわしくは、第2章でふれています。

# もくじ

はじめに ……………………………………………………… 2
この本の構成 ………………………………………………… 4
おともだちしょうかい ……………………………………… 6

## 第1章 どうしよう!? こんなとき

①ますみくんの場合　予定が変わると不安になっちゃう …… 8
②なおやくんの場合　みんなのゼリー食べちゃった ………… 14
③のぞみさんの場合　リコーダーの音ががまんできない …… 20
④あかねさんの場合　楽しくても手をかんじゃう！ ………… 26
⑤ひできくんの場合　水遊びがやめられない ………………… 32
ふりかえってみよう ………………………………………… 38

## 第2章 自閉症って何？

自閉スペクトラム症という障害について ………………… 40
脳のはたらきに原因があるようだ ………………………… 42
知的なおくれのある自閉症について ……………………… 44
じょうずにつきあっていくために ………………………… 47

保護者のかたへ ……………………………………………… 50
参考資料など ………………………………………………… 51

# この本の構成

## 第1章は…

5人のおともだちの学校での行動について、つぎの順序でしょうかいしています。

**さいしょのページ** ある学校での一場面を絵でしょうかいしています。何がおこったのかみてみましょう。

- こんなことがおこりました。
- 場面の説明です。
- ふだん、みんながふしぎに思っていることです。
- 担任の先生や近くの人が感じたことです。

**つぎのページ** どうしてそうなったのかを、知るためのページです。

- おともだちからみた、できごとの流れです。
- 自閉症にくわしいすわ先生からのひとことです。
- おともだちの気持ちをことばにしてみました。
- おともだちのことがわかってからの感想です。

**さいごのページ** おともだちのために担任の先生がした工夫をしょうかいしています。

すわ先生と相談して担任の先生がおこなった工夫です。

その後のおともだちのようすです。

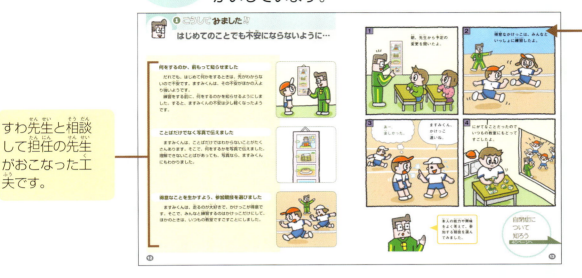

# 第2章は…

自閉症がどういう障害なのかをくわしく説明しています。第1章のとちゅうでも、知りたいことがあったら読んでみましょう。

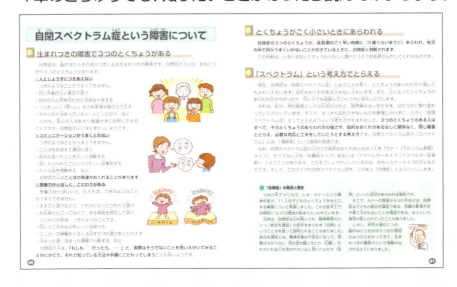

# おともだちしょうかい

この本に出てくる自閉症のおともだちです。5人は特別支援学級（➡ 45 ページを見てください）で学んでいます。知的なおくれ（➡ 44 ページを見てください）があり、また、気持ちや感じていることが表情にあらわれにくいというとくちょうもあります。

### 1年生 ますみくん

ことばは話せない。写真を見るのが好き。いつもとちがうことをするときに、不安でパニックになる。

### 4年生 なおやくん

ことばは話せないけど、文字は読める。ゼリーが大好き。給食の時間がにがて。

### 3年生 のぞみさん

ことばは話せて、文字も読める。リコーダーの音がにがて。歌を歌うのが得意。はじめて行く場所や知らない人に対してきんちょうする。

### 2年生 あかねさん

ことばは少し話せる。ものを指でさし、やってほしいことを伝える。気持ちが高ぶると手をかむことが多い。

### 5年生 ひできくん

ことばはあまり話さないけど、文字は読める。水遊びが大好き。

※○の中は心の中での表情です。

自閉症について
くわしいすわ先生

# 第1章

# どうしよう!? こんなとき

　5人のおともだちのある日の学校でのようすをみてみましょう。おともだちは、ほかの人が「なぜなの？」「どうしたらいいの!?」とこまってしまうような行動をしています。

　それぞれについて、その理由を、おともだちの立場からみていきます。また、おともだちのために、担任の先生がした工夫もしょうかいしています。自閉症のおともだちを理解する手がかりにしてください。

## どうしょう⁉ こんなとき ① ますみくんの場合
# 予定が変わると不安になっちゃう

交流級※で運動会の練習をすることになって、校庭に出たよ。1年生のますみくん、うろうろしていたと思ったら、とつぜんジャングルジムにのぼっちゃった。そして、大声でさけんでいるよ。

※ 交流級は、特別支援学級と通常の学級（ふつう学級）が交流する時間のことです。

急に予定が変わって、運動会の練習になったんだけど、それがわからなかったみたいだなあ。

特別支援学級の山田先生

校庭に出てきたら、おちつかないようすでうろうろしていたわ。

ふつう学級のゆみこさん

ますみくんの ふしぎ なところ

● 運動会の練習が始まったら、すごく不安そうだったのはどうして？

● おちつきがなくなると、いつもジャングルジムにのぼるけど、どうしてだろう？

● 不安そうに、大声でさけぶのはなんでかな？

なんでこうなるの？
つぎのページへ

# ❶ なんでこうなるの⁉

## ますみくんはどう思っているのかな？

みんなは、急に予定が変わっても平気だけど、自閉症のおともだちはすごく不安になります。ますみくんはどう思っているのかな？

### いつもとちがうと不安になるんだ

ぼくはいつもと同じことだと安心してできるけど、急に変わると、ものすごく不安なんだよ。

はじめてのことって、何したらいいかわからないから、とってもこわいんだ。

### 「運動会の練習」っていうことばがわからないよ

先生が「運動会の練習」って言ったけど、「運動会」ってどんなことをするのか、「練習」って何をするのか、ぼくにはさっぱりわからないよ。

### 自分の気持ちをうまく伝えられないんだ

前に校庭で先生にしかられたことを思い出したの。ぼく、とってもこわくなっちゃった。そんなときは高いところにのぼるとおちつくんだよ。

まわりで何か言ってたけど、どうしたらいいかわからないからさけんだんだ。

何をしたらいいかわからないと、こわかったり、不安になったりするんだね。

こうして みました
つぎのページへ →

# ① こうしてみました!!
# はじめてのことでも不安にならないように…

### 何をするのか、前もって知らせました

だれでも、はじめて何かをするときは、先がわからないので不安です。ますみくんは、その不安がほかの人より強いようです。

練習をする前に、何をするのかを知らせるようにしました。すると、ますみくんの不安は少し軽くなったようです。

### ことばだけでなく写真で伝えました

ますみくんは、ことばだけではわからないことがたくさんあります。そこで、何をするかを写真で伝えました。理解できないことばがあっても、写真なら、ますみくんにもわかりました。

### 得意なことを生かすよう、参加競技を選びました

ますみくんは、走るのが大好きで、かけっこが得意です。そこで、みんなと練習するのはかけっこだけにして、ほかのときは、いつもの教室ですごすことにしました。

郵便はがき

料金受取人払郵便
山科局承認
**1918**
差出有効期間
2021年3月
31日まで

　　　　（受　　取　　人）
　　　京都市山科区
　　　　　日ノ岡堤谷町1番地

　　　　ミネルヴァ書房
　　　　読者アンケート係 行

|ıl|ıl|ı·ıl|ıl|ıl|ıl|ıl|ıl|ıl|ı·ıl|ıl|ıl|ıl|ıl|ıl|ıl|ıl|

◆　以下のアンケートにお答え下さい。

お求めの
　書店名＿＿＿＿＿＿＿＿＿＿市区町村＿＿＿＿＿＿＿＿＿＿＿＿＿＿＿＿書店

＊　この本をどのようにしてお知りになりましたか？　以下の中から選び、3つまで○をお付け下さい。

　　A.広告（　　　　　）を見て　B.店頭で見て　C.知人・友人の薦め
　　D.著者ファン　　　E.図書館で借りて　　　F.教科書として
　　G.ミネルヴァ書房図書目録　　　　　H.ミネルヴァ通信
　　I.書評（　　　　　）をみて　J.講演会など　K.テレビ・ラジオ
　　L.出版ダイジェスト　M.これから出る本　N.他の本を読んで
　　O.DM　P.ホームページ（　　　　　　　　　　　　　）をみて
　　Q.書店の案内で　R.その他（　　　　　　　　　　　　　　　　）

書名 お買上の本のタイトルをご記入下さい。

◆上記の本に関するご感想、またはご意見・ご希望などをお書き下さい。
　文章を採用させていただいた方には図書カードを贈呈いたします。

◆よく読む分野（ご専門）について、3つまで○をお付け下さい。
　1. 哲学・思想　　2. 世界史　　3. 日本史　　4. 政治・法律
　5. 経済　　6. 経営　　7. 心理　　8. 教育　　9. 保育　　10. 社会福祉
　11. 社会　　12. 自然科学　　13. 文学・言語　　14. 評論・評伝
　15. 児童書　　16. 資格・実用　　17. その他（　　　　　　　　）

| 〒 |
| ご住所 |
| Tel　　（　　） |

| ふりがな | 年齢 | 性別 |
| お名前 | 歳 | 男・女 |

| ご職業・学校名 |
| （所属・専門） |

| Eメール |

ミネルヴァ書房ホームページ　http://www.minervashobo.co.jp/
＊新刊案内（DM）不要の方は × を付けて下さい。　□

自閉症について知ろう
40ページへ

## どうしよう!? こんなとき ② なおやくんの場合
### みんなのゼリー食べちゃった

4年生のなおやくんは給食があまり好きじゃないみたい。でも今日の給食にはゼリーがあったから、よろこんであっというまに食べちゃった。ゼリーならいくらでも食べられるなおやくん、みんなの分まで食べちゃったよ。

「いただきます」の前なのに、いきなり目についたゼリーを食べてしまったの。

**特別支援学級の川田先生**

最初のゼリーを食べたら、つぎつぎとそこにあるゼリーを食べちゃったよ。

**給食当番のまみさん**

## なおやくんのふしぎなところ

● いつも「いただきます」を言わないで食べちゃうのは、どうして？

● なおやくん、好ききらい多いよね。なんでなの？

● どうして、みんなの分までゼリーを食べちゃうのかな？

なんで
こうなるの？
つぎのページへ ➡

15

## ❷ なんでこうなるの!?
## なおやくんはどう思っているのかな？

1　給食の時間だから、ランチルームに入ったんだ。

2　ぼくの大好きなゼリーがあったので、食べたよ。

3　食べ終わったら、となりにもゼリーがあった。

4　大好きなゼリーがいっぱいあったから、うれしくて、みんな食べちゃった。

なおやくんは、どのゼリーが自分のゼリーなのか、よくわからなかったのかもしれません。さて、なおやくんは、どう思っているのかな？

### 食事のときの「マナー」って何？

先生はいつも「いただきます」って言ってから食べようねって言うけど、なんでなの？　それがマナーだって言うけど。ぼくには意味がわからないよ。

### 食べられるものが少ないんだ

ぼくが食べられるのは、ゼリーとごはんぐらいかな。ゼリーは大好きだよ。でも、野菜はにがてなんだよね。学校の給食って、食べるものがなくて、ほんとにこまっちゃう。

### どれが自分のか、わからないよ

ゼリーのどこを見たら、ぼくのとか、ほかの人のとかってわかるの？　ぼくにはわからない。どのゼリーも同じだから、みんな食べちゃったんだけど……。

わたしもゼリーは好きだけど、ほかの人の分までは食べないな。弟のをとっちゃうことはあるけどね。えへへ。

こうしてみました　つぎのページへ

## ❷ こうしてみました!!
# 楽しく給食を食べられるように…

### マナーを、見てわかるように伝えました

なおやくんは、「マナー」のような目に見えないことは理解するのがむずかしいようです。でも、絵を見るとわかることもあります。

そこで、みんなそろってから「いただきます」と言って食べる絵をかいて、伝えてみました。

### 残してもいいことを伝えました

なおやくんは、わたしたちとは味の感じ方がちがうようです。また、したざわりにもびんかんで、食べられるものが少ないのです。

そこで、無理に全部を食べなくてもいいことにして、食べ終わったら、教室にもどることにしました。

### どれがその人のものかわかるようにしました

なおやくんは、給食が同じテーブルにならべてあるだけでは、自分のものとほかの人のものとの区別がわからないのかもしれません。

そこで、給食を1人分ずつトレイにのせて、さらに、なおやくんのトレイはみんなとはちがう色にして、ひと目でわかるようにしました。

## どうしよう!? こんなとき ③ のぞみさんの場合
# リコーダーの音ががまんできない

3年生ののぞみさんは歌が大好き。いつも歌っているよ。そこで、交流級は音楽になったんだけど。あれれ!? ピアノのかげにかくれちゃった。

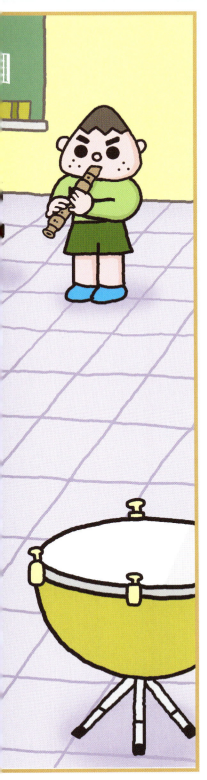

のぞみさんは、いつも歌を歌っているから、交流級に音楽を選んだんだけど。
**特別支援学級の佐藤先生**

音楽室に入るときも、すごくきんちょうしてたみたい。
**ふつう学級のじゅんこさん**

## のぞみさんのふしぎなところ

● 音楽室に入ったときから、おどおどして不安そうだったよ。なんでかな?

● リコーダーの演奏が始まったとたん耳をふさいで、ピアノのかげにかくれたのは、どうして?

● 歌は大好きなのに、リコーダーの音をこわがるのはなぜ?

**なんでこうなるの?**
つぎのページへ

### ❸ なんでこうなるの⁉
## のぞみさんはどう思っているのかな？

自閉症のおともだちには音にびんかんな人がいて、みんなには平気なリコーダーの音でも、大きすぎてうるさく感じる場合があるんですよ。

### 何をするかわからないと不安になるの

今日の音楽って何をするのかわからなくて、不安でたまらなかったのよ。何をするのか教えてほしかったけど、それを先生に言えなくって……。先生は教えてくれなかったし。

### リコーダーなどの高い音はがまんできないの

わたしにはリコーダーの高い音が、すごくうるさく聞こえるの。リコーダーの音が聞こえたから、がまんできなくて、耳をふさいで、ピアノのかげにかくれたの。

わたしはリコーダーの音は気にならないわ。これがいやでがまんできないなんて、本当にふしぎ！

こうして みました
つぎのページへ

## ③ こうしてみました!!
# 音楽の交流級を楽しめるように…

### 交流級で何をするのか伝えました

のぞみさんは、何をするかわからないことにすごく不安を感じて苦しくなるようです。

のぞみさんは文字が読めるので、音楽の交流級で何をするのかを絵と文字で説明しました。のぞみさんの不安な気持ちも少しやわらいだようです。

### 気持ちを伝える方法を教え、練習しました

のぞみさんに「やめてください！」というカードをわたし、リコーダーの演奏にがまんできなくなったらそのカードを見せることにしました。カードを見た音楽の先生が「では、1曲だけにしましょう」と言って、のぞみさんがいつもの教室にもどれるようにしました。

自分の気持ちが伝わって、のぞみさんも安心できたようです。

### 歌を歌う授業を交流級に選びました

のぞみさんはわたしたちと音の聞こえ方が少しちがうようです。リコーダーの音ががまんできないというのは、どうにも変えようがありません。

交流級は、のぞみさんの好きな歌の授業のときにするようにしました。

## どうしよう!? こんなとき ④ あかねさんの場合
## 楽しくても手をかんじゃう！

2年生のあかねさん。いつものように大好きなトランポリンをとんでいると、まどから光がキラキラさしこんできたよ。それを見て、自分の手をかんじゃった！

あかねさんは、いつも楽しそうにくるくる回っているの。トランポリンも大好きよね。
特別支援学級の小林先生

「手、かんじゃだめ」って言ったら、もっと手をかんで、ほんとにもうびっくりしたよ！
特別支援学級のゆうやくん

## あかねさんのふしぎなところ

● 手をかんで、いたくないのかな？

● いやなときでも、楽しいときでも、なんで手をかむの？

● いつもくるくる回ってるけど、目が回らないのかな？

### なんでこうなるの？
つぎのページへ →

## ④ なんでこうなるの!?
## あかねさんはどう思っているのかな?

自閉症の人は、気持ちが高ぶったとき、その気持ちをうまくあらわすことができないと、手をかんだりすることがあります。

はね…

### うれしいと手をかんじゃうの

うれしいときや楽しいときに、こうふんすると手をかんじゃうのよ。なんだかよくわからなくなって、つい手をかんでしまうの。そのときは、いたいかどうかなんて気にならないのよ。

### どきどきして、こうふんするときもかむのよ

不安なときでも、うれしいときや楽しいときでも、気持ちが高ぶってくると、知らないあいだに手をかんでいたりするの。かみだこができているもの。

### 大好きなことは簡単にはやめられないの

大好きなトランポリンをとび始めると、やめられないの。くるくる回ることも好き。ずーっと回っていても目が回らないから、どこでやめたらいいのかがわからないのよ。

こまったとき

うれしいとき

「○○しちゃだめ」って言っても、やめられないんだね。

こうして
みました
つぎのページへ

## ④ こうしてみました!!
# 手をかまずにいられるように…

### 気持ちをしずめるようにしました

あかねさんが手をかむときは、気持ちが高ぶっているようです。そんなときに「かんじゃだめ」などと言うと、もっとこうふんしてしまいます。

そこで、静かにすごせる場所に行って、好きな絵をかいて気持ちをしずめるようにしました。

### リラックスのしかたを教えました

大きく息をするとか、うでをまげたりのばしたり、軽く体を動かすなど、気持ちをしずめるリラックスのしかたも教えてみました。あかねさんも、少しですが、力をぬくことができたようです。

### かんでいいものをわたしました

手をかむことがくせになっているあかねさんには、やわらかいゴムのような安全なもので、かんでいいものを首にさげるようにしました。手をかみそうになったら、それをかんでもいいと伝えました。

## どうしょう⁉ こんなとき ⑤ 水遊びがやめられない

### ひできくんの場合

水遊びが大好きな5年生のひできくん。授業のとちゅうで勝手に出て行っちゃった。先生がよびに行ったときには、ずぶぬれになっていたよ。

## ひできくんの ふしぎ なところ

● 授業中なのに出て行っちゃった。なんでかな？

● 水遊びをして授業にもどらないのは、なんで？

● 夏でもないのにずぶぬれになって、寒くないのかな？

● 水遊びをしたら先生にしかられるって思わないのかな？

授業中なのに、勝手にひできくん、どっか行っちゃったのよ。

特別支援学級のゆりなさん

なかなかもどってこないからむかえに行ったら、びしょぬれだったよ。もうおこる気もしないよ。

特別支援学級の原田先生

なんで
こうなるの？
つぎのページへ →

## ⑤ なんでこうなるの⁉
## ひできくんはどう思っているのかな？

授業中に水遊びをするのはやめさせたいものですが、そのためには、本人のことをもっとよく理解する必要があります。

### 授業がわからないよ

先生はいつも「水遊びやっちゃだめ」っておこるんだけど、ぼくには、授業で先生が言っていることがよくわからないんだ。授業がつまらないから、外に出て、水遊びをやっちゃうのさ。

### 大好きなことはとことんやりたいんだよ

ぼくは、水遊びが大好き。水を見ると、きっとしちゃうんだよ。一度始めたら、やめられなくなるよ。それに、寒さなんて感じないんだ。

### したいことをしているときは何も聞こえない

したいことをしていると、チャイムがなっても先生がおこっても、ぼくには聞こえないよ。夢中になっちゃってるからね。

大好きなことをしているときは、先生の声が耳に入らないのね。

こうして
みました
つぎのページへ

## ⑤ こうしてみました!!
## 「だめ」と言うだけでなく…

### わかりやすい授業になるよう工夫しました

　子どもたちが集中できるように、授業の内容や、使う教材を工夫しました。
　ひできくんの場合は、得意なパズルを教材に使って、楽しみながらできるようにしました。

### 今が何をする時間なのかを知らせました

　ひできくんは、今、何をする時間なのか、わからないのかもしれません。水遊びができる時間とできない時間があること、授業中やることを、ひできくんのわかる文字や絵を使って、教えました。水遊びは、昼休みにすることに決めて、そして、チャイムがなったらやめるようにしました。

### 好きな遊びをふやしました

　水遊び以外に、ひできくんができそうな、そして、好きそうな活動を考えました。ひできくんは、電車が好きなので、電車のパズルや駅名のカルタを作ってみました。

# ふりかえってみよう

ここまで読んで、自閉症の人の気持ちが少しわかったかな。では、先生たちがした工夫のポイントをまとめておきましょう。

### 見てわかるようにする

### 気持ちを伝える方法を教える

### スケジュールを予告する

### 好きなことや得意なことを生かす

### 授業を工夫する

### 好きな遊びをふやす

## 第2章

# 自閉症って何？

　第1章で登場したますみくんやあかねさんたちにある自閉症について、解説します。ここでしょうかいするとくちょうは、自閉症の人すべてにあてはまるものではありません。一人ひとりちがっています。
　基本的な自閉症のとくちょうを知ることで、自閉症の人の気持ちや、何にこまっているかなどを、みぢかに考えられるようにしましょう。

# 自閉スペクトラム症という障害について

## 生まれつきの障害で3つのとくちょうがある

　自閉症は、脳のはたらきのばらつきによる生まれつきの障害です。自閉症の人には、おもにつぎの3つのとくちょうがあります。

### ①人とじょうずにつきあえない

　つぎのようなことがうまくできません。
- 同じ年齢の人と集団で遊ぶ
- ほかの人と目を合わせて会話などをする
- 「うれしい」「悲しい」などを表情や身ぶりで示す
- それとなく決まっているルールにしたがう　など

　どれも、多くの人はあまり意識せずに自然にできることですが、自閉症の人にはむずかしいようです。

### ②コミュニケーションがうまくとれない

　つぎのようなことがうまくできません。
- ことばをおぼえて適切に使う
- 相手の言ったことを正しく理解する
- 話しかけられたことにふさわしい返事をする
- たとえ話を理解する　など

　自閉症の人は**ことばの発達がおくれることがあります**。

### ③想像力がとぼしく、こだわりがある

　想像力がとぼしいと、たとえば、つぎのようなことがうまくできません。
- ままごと遊びなどで、だれかになったつもりで遊ぶ
- お店屋さんごっこなどで、ある場面を想定して遊ぶ

　こだわりの例は、つぎのようなことです。
- 同じところやものをじっと見続ける
- ミニカーの車輪をくるくる回すだけの遊びをくりかえす
- 決まった道、決まった順番で行動する　など

　自閉症の人は、「もしも○○だったら、……」と、実際はそうでないことを思いえがいてみることがにがてで、それで知っている方法や手順にこだわってしまうことも多いようです。

## とくちょうがごく小さいときにあらわれる

自閉症の3つのとくちょうが、成長期のごく早い時期に（3歳ぐらいまでに）あらわれ、生活の中で何かうまくいかないことがおきているときに、自閉症と判断されます。

この判断は、いろいろなとくちょうもくわしく調べたうえでお医者さんがしてくれるものです。

## 「スペクトラム」という考え方でとらえる

現在、自閉症は「自閉スペクトラム症」とよぶことが多く、とくちょうのあらわれ方の強い人もよわい人もいます。知的なおくれのある人もない人もいます。また、人によってとくちょうのあらわれ方がちがったり、同じ人でも成長していくうちに変化したりします。

それは、虹が、色の範囲としては七色だけれど、境界線ははっきりせず、なだらかに移り変わっていくのにています。そこで、はっきり区別できないものを無理に分けずに、ひろく「自閉スペクトラム症」としてとらえようという考え方が生まれました。**3つのとくちょうのある人はすべて、そのとくちょうのあらわれ方の強さや、知的なおくれのあるなしに関係なく、同じ障害ととらえ、必要な対応と工夫をしていこうとする考え方**です。自閉スペクトラム症の「スペクトラム」とは、「連続体」という意味の英語です。

なお、自閉スペクトラム症の人のうち知的なおくれをともなう人を「カナー（下のコラム参照）タイプ」、そうでない人を「高機能タイプ」あるいは「アスペルガータイプ（アスペルガー症候群）」とよぶことがあります。この本でしょうかいしているのは、おもにカナータイプの子どもたちです。そして、このタイプの自閉スペクトラム症を、このあと「自閉症」とよぶことにします。

### ■ 「自閉症」の発見と歴史

1943年アメリカで、レオ・カナーという精神科医が、11人の子どものとくちょうをもとに、ある障害について発表しました。これが医学上で、自閉症についての歴史の始まりといわれています。

当時は、自閉症は心の病とされ、精神障害のひとつ「統合失調症」の症状をあらわす「自閉」ということばを使って説明されることもありました。統合失調症とは、精神状態が不安定になって、実際はちがうのに、何か音が聞こえたり（幻聴）、だれかにわる口を言われていると思いこんだり（妄想）といった症状があらわれる病気です。

そこで、カナーの発表から20年ほどは、自閉症は子どもの統合失調症である、母親の愛情不足や育て方がわるいことが原因である、などという意見が信じられていたこともありました。

しかし、研究が進むにつれ、脳のはたらきのばらつきが原因のようだとわかってきて、生まれつきの障害だという理解がなされるようになりました。

# 脳のはたらきに原因があるようだ

## 人づきあいにかかわる部分のはたらきがよわい

自閉スペクトラム症の原因は、おもに脳のはたらきにあるといわれています。自閉スペクトラム症の人の脳では、人とじょうずにつきあう、コミュニケーションをとる、といった人間関係をスムーズにすることにかかわる部分のはたらきがよわいようなのです。

### 脳の研究が進んでわかってきた

脳の各部分の、大きさを精密に測ったり、はたらき方をリアルタイムで調べたりすることができるようになって、多くのことがわかってきました。

### 気持ちを察する、共感する、などにかかわる部分

たとえば、人の気持ちや、表情や声にこめられた感情などを理解する部分が、多くの人とはことなったはたらき方をしていることがわかってきました。

また、何もしないでリラックスしているときの脳の状態が多くの人とはちがっていて、自分の状態を理解する部分と、ほかの脳の部分のつながり方がちがうようです。

## 多くの人の脳より、よくはたらく部分もある

反対に、多くの人の脳よりよくはたらく部分があることもわかっています。自閉スペクトラム症の人の中には、音を聞き分けたり複雑な図を見分けたりするなど、特別な才能がある人がいますが、そうした人の脳は、それにかかわる部分がすごくよくはたらいています。

自閉スペクトラム症の人によくみられる例をあげておきましょう。

### 見て理解するのが得意

耳から聞くより、目で見たものをおぼえ、理解することが得意です。なかには、見たものを頭の中で写真をとるように記憶するという人もいます。

### 感覚がするどかったり、にぶかったり

自閉スペクトラム症の人は、感覚がすごくするどかっ

たり、逆ににぶかったりします。

たとえば、音についての感覚がするどくて、ささいなちがいに気づける人がいます。**感覚がするどすぎて、ごく小さな音さえ耳ざわりに聞こえてしまう**人もいます。多くの人が気にしないにおいでぐあいがわるくなったり、ひふがびんかんで、ちょっとさわられただけでいたいと感じたり、服がふれるのががまんできなかったり、ということもあります。

逆に**感覚がにぶいと、いたみを感じづらくてけがや病気に気づけない**、といったこともあります。

### 能力のばらつきがある

トランポリンはじょうずにとべるのにボールがうまく投げられないなど、その**能力が年齢につりあっていないとみえる**ことがあります。ボール遊びがにがて、はしがじょうずに使えないなど、器用な動きができないこともあります。歩き方や走り方がどこかぎこちなく感じられる人もいます。

しかし、**不器用でも、得意なことには器用なこともあ**ります。はしがうまく使えずに食べこぼしてしまうけれどテレビゲームのコントローラーはすばやく正確に操作できる、とても読めない字を書くのに絵はじょうずにかけるなどです。

## 🌐 生まれつきの特性であることが多い

この脳の特性は、多くは生まれつきのものです。その部分のはたらきそのものを、根本的に変えることはむずかしいようです。でも、その人の脳のはたらきの特性に合わせた工夫をすることで、少しずつはたらきがよくなったり、ほかのはたらきでおぎなったりできることがあります。

**なるべく早くその人の脳のはたらきの特性に気づき、それに応じた工夫をすることが大切**なのです。

# 知的なおくれのある自閉症について

## 知的なおくれがあると…

自閉症の人は、知的なおくれ（知的障害）をあわせもっていることがあります。

**重複障害としての知的障害**

知的障害とは、知的な能力の全体におくれがみられ、そのために学校生活や社会生活を送るのになんらかのサポートが必要になることをいいます。具体的には、つぎのようなことが同じ年の人のようにはできません。

- ことばや文章で表現する
- ことばや文章を理解する
- お金の計算をしたり、時間をはかったりする
- 相手の行動をみて、自分を守るために備えたり工夫したりする　など

**知能テストで知能指数（IQ）をはかる**

知的な能力をあらわすものに知能指数（IQ）があります。IQは知能テストではかることができますが、そのときの状態などによって高くなったり低くなったりすることがあります。また、種類もいろいろあり、種類によっては同じ人でもプラスマイナス10ぐらいの差が出ることがあります。

IQは、それぞれの年齢で平均100になるように設定されています。IQが70以下の場合には、知的障害があることも考えられます。

**両方の対応が必要**

知的障害がある場合には、同じ年齢の集団でそろって同じ学習や活動をすることがむずかしい

---

### 自閉症と同時にあらわれることのある障害

同時に2つ以上の障害をあわせもつことを「合併障害」といいます。自閉症の人の合併障害には、知的なおくれ（「知的障害」という）のほか、てんかん、チック症、すいみん障害などがあります。

**てんかん**……脳の障害のひとつ。タイプによってはとつぜん意識がなくなり、たおれて、体がつっぱるなどの発作をおこします。発作は、日ごろから薬をのむことで、ある程度おさえることができます。

**チック症**……首をまげる、手をふるなどの同じ動作や、せきばらいをくりかえしたり、きみょうな声を出し続けたりします。

**すいみん障害**……夜ねむれないで昼にねむる、夜も昼もねむれなくなるなどもあります。

こともあり、自閉症に対する工夫や手助けとあわせて、知的なおくれへの対応も必要になります。

## 特別支援学級、特別支援学校で学ぶことが多い

　知的なおくれのある自閉症の人の多くは、特別支援学級や特別支援学校などに通って、障害の特性に合わせた学習をしています。ですから、同じ教室でいっしょにすごしたことがないという人もいるでしょう。けれども、交流級という形で、特別支援学級のおともだちといっしょに勉強や活動をすることがあるかもしれません。また、特別支援学校と交流をすることもあるかもしれません。
　そこで、知的なおくれのある自閉症の人について、もう少しみてみましょう。

## 知的なおくれと自閉症のちがい

　知的なおくれがあると、相手と同じ話題で話したり、それを理解したりがうまくできないことがあります。それは、自閉症の人と話が通じないのとにています。
　でも、ただ知的なおくれがあるだけの場合は、多くは人なつっこく、いっしょに遊びたがります。気持ちをこめて話しかけるとそれにこたえてくれますし、また、たとえば本人にないしょにしていて、とつぜん誕生日会をしたりする「サプライズのお楽しみ」を喜んでくれます。

### 人とのふれあいはにがて
　では、自閉症の人はどうでしょうか。第1章ですでに自閉症の人の例をいくつかみましたが、自閉症の人は、だいたい、自分以外の人との交流をにがてとしていました。また、想像力がとぼ

---

**■ いろいろな学級・学校**

**通常の学級**……集団での授業を理解できる人がおもに通っています。

**特別支援学級**……視覚障害、聴覚障害、知的障害、肢体不自由、言語障害、自閉症・情緒障害などのある人が通っています。通常の学校に設けられています。

**交流級**……特別支援学級の人が通常の学級に入っていっしょに勉強や活動をします。

**逆交流**……通常の学級の人が特別支援学級に入っていっしょに勉強や活動をします。

**通級による指導**……通常の学級に通っている人が、週に1、2回別の場所に通って指導を受けます。その場所に、ほかの学校などから先生がまわってきて指導する場合（巡回指導）もあります。

**特別支援学校**……重い視覚障害、聴覚障害、知的障害、肢体不自由などのある人が通っています。

しいことから、こだわりがありました。

そのため、交流をするときに、体にふれたり、手をつなごうとしたりすると、いやがることもありますし、パニックになることもあります。

### 「サプライズ」は楽しめない

また、思ってもみないできごとがとつぜんおこることは、それがたとえ自分の誕生日を祝ってくれるものであっても、強い不安でしかなく、楽しめません。

### にぎやかなところはストレス

自閉症の人は感覚がちがうというとくちょうもありました。たくさんの人が集まると、あちこちで会話がおこり、また、人も動き回ります。自閉症の人は、そういったざわざわした状態に不安になり、ストレスを感じることがあります。声をかけても返事をしてくれないこともあるかもしれません。これは、聞こえないふりをしているのではなく、本当に気づいていないことが多いのです。

## 独特の行動をすることがある

自閉症の人には、つぎのような行動がみられることがあります。

### オウム返し

「いくつなの？」と話しかけられて「いくつなの？」とそのまま返してきます。

### 同じフレーズを何度もくりかえす

耳に残ったことば（駅のアナウンスやテレビコマーシャルのフレーズなど）を何度も何度もくりかえします。

### 手をひらひらさせる

何もすることがないときなどによくみられます。

### ずっととびはねている

その場で何度もとびはね、同時に手をぱちぱちたたきます。

### ロッキング

体を前後にゆする動作をいいます。

# じょうずにつきあっていくために

## まず気をつけておきたいこと

自閉症のとくちょうは、学校など集団に入るとめだつことが多くなります。言われたことが理解できない、思ったことが伝えられない、何をしたらいいかわからない、といったことなどからストレスがたまってパニックをおこし、ときには自分で自分をきずつけてしまう人もいます。また、そういった不安が表情にあらわれにくい人も多く、まわりの理解につながりません。それまで、家族など見知った人の中でわかってもらえることも多かったのが、はじめて会うたくさんの人の中でなかなか伝わらないというわけです。

第1章でみてきたように、自閉症の人がパニックになるのには、そうなる理由がありました。ですから、**その理由を理解しようとしないまま、とにかく今していることをやめさせようとするのは、かえってその人をおいつめてしまいます**。また、自閉症の人のすることや言うことがおかしくても、みんなではやしたてたり、わらったりしないことも大切です。

## ポイント1　わかりやすいコミュニケーションを心がける

自閉症の人は、話だけを聞いて理解するのはにがてです。何かを伝えるときには、口で説明するだけでなく、ほかの方法をもちいる必要があります。

### 目で見てわかる方法を工夫して

自閉症の人の多くは目で見て理解することが得意なので、**伝える方法には、実物を見せる、絵や写真を見せる、文字で書くなどがあります**。その人その人に合わせて、どの方法が伝わりやすいのか確かめながら工夫します。

自閉症の人がまわりの人に伝える方法もさまざまです。**絵カードを見せて、ほしいものやしてほしいことを伝えてくることもあります**。そういうときは、おどろかないで、きちんと見てください。

#### 簡単なことばで、やさしく、はっきり

ことばだけで伝えなくてはいけない場面もあるでしょう。たとえば、順番を待ってならんでいる列に自閉症の人が割りこんできたら、「○○くんのうしろで待ってね」と、簡単なことばでやさしく、でもはっきり、**どうしたらいいかがわかるように伝えます**。「みんな、ならんでいるよ」というような気づかせるためのことばや、「割りこまないでよ」などの「○○しないで」という言い方は伝わりづらいので気をつけましょう。

## ポイント2　前もって知らせる

#### その日、その時間に何をするかわかるように

自閉症の人は、予定がわからないことに大変な不安や苦痛を感じます。その日、その時間に何をするのかわかると安心できます。そこで、学校の先生たちは、スケジュール表のようなものを見せるなどの工夫をしています。また、予定が変わるときは、スケジュール表を見せてから新しいものをとなりにはるなどの方法で知らせます。

#### 文字や絵、写真、実物などを使って

予定を知らせるときには、文字が読める人には文字で、文字がわからないときには絵や写真で、また、実物のほうがわかりやすい人には実物で示します。たとえば、食事の時間ははし（スプーン）、算数の時間は算数の教科書などを見せるなどの方法があります。もし、自閉症の人といっしょに行動することがあれば、このような方法もあることを思い出してください。

## ポイント3　おだやかに話しかける

#### 大声は必要ない

わかりやすいことばではっきり伝えることは大切ですが、はっきり伝えようとして声をはりあげる必要はありません。大きな声で話したり、「○○したらだめーっ！」とどなったりすると、自

閉症の人は、その人がおこっていると思って、そのことだけしか感じられなくなってしまいます。

### 意識を向けさせたいときは名前をよんでから

また、注意されておどろいたり苦痛に感じていたりしても、表情にあらわれにくい人もいます。注意した人からすると聞き流されているように感じることもあるかもしれません。だからといって、いきなりかたに手をかけて意識をこちらに向けさせようとすると、パニックの原因になることもあります。名前をよんで、おだやかに話しかけましょう。

### こわい思いはずっと残ってしまう

自閉症の人は経験したことをよくおぼえています。とくにいやだったり、こわかったりしたことはずっと心に残り、いつまでも苦しんでいくことになります。

## ポイント4　おちついてすごせるよう協力する

### 感覚の問題に対応する

自閉症の人は、いろいろな音が聞こえたり、さまざまなものが見えたりすると、おちつかず、集中できない人もいますので、これをふせぐための工夫が必要になります。

たとえば、外のしげきに気がちってしまう人には、まどから外が見えないように、つくえのならび方を変えたり、まわりをついたてで囲ったりします。音が気になる場合は、イヤマフやヘッドホンをつけることもあります。

光やけしきをさえぎる

イヤマフの使用をみとめる

### おちつくための工夫に理解を

また、気持ちが高ぶってしまったときには、別の部屋（場所）などに行って気持ちをおちつかせることができるようにすることもあります。必要だからそうするわけなので、そういうときにからかったり、じゃまをしたりしないようにしましょう。

# 保護者のかたへ

　このシリーズ「発達と障害を考える本」は、外見からわかりにくい自閉症などの発達障害を取り上げて、子どもが小さいときから親子でいっしょに読んでもらい、障害を理解する手がかりになればとの願いから作りました。本書は、2006年に初版を刊行したシリーズの第1巻『ふしぎだね!?　自閉症のおともだち』の新版です。制度改正や新たな知見をふまえ、障害についての説明や用語の見直しをして改訂しています。

　文部科学省が2012年に実施した調査によると、小中学校の通常の学級に在籍する子どものうち、発達障害の可能性のある特別な教育的支援を必要とする子どもは6.5%程度いるとされています。

　本書で取り上げた「自閉症」の子どもは、知的なおくれがあり、ことばもおくれがちなため、特別支援学級で学んでいます。通常の学級の子どもたちが日常的に接することはあまりないのですが、独特の行動をすることから、接すると奇異な目でみられ、疎外やいじめの対象になる場合が少なくありません。それは無知と無理解からおこる不幸な事態です。

　本書では、自閉症の人の保護者や先生、きょうだいやクラスメイトから受けることが多い相談内容をふまえて解説してあります。そのために、いわゆる問題行動の場面が多くなっています。実際の自閉症の子どもがいつも問題行動をおこしているわけではないので、そのような誤解をしないようにご注意ください。自閉症の子どもとかかわるときに通常の子どもが疑問や不満をもちやすい点について障害の特性を理解し、対応の方法を子どもたちといっしょに考えてもらえればと思います。

　彼らが示す一見問題に見える行動にも、彼らなりのそうせざるを得ない理由があるということを子どもたちに理解してもらうことで、自閉症の子どもと通常の子どもたちが共生するための一助となることを願っています。

## 参考資料など

- 『すぐに役立つ自閉症児の特別支援Q＆Aマニュアル──通常の学級の先生方のために』廣瀬由美子・東條吉邦・加藤哲文 編著（東京書籍）
- 『わかってほしい！ 気になる子』田中康雄 監修（学習研究社）
- 『光とともに…──自閉症児を抱えて』戸部けいこ 著（秋田書店）
- 『自閉症のひとたちへの援助システム──TEACCHを日本でいかすには』藤村出・服巻智子・諏訪利明・内山登紀夫・安倍陽子・鈴木伸五 著（朝日新聞厚生文化事業団）
- 『自閉症の人たちを支援するということ──TEACCHプログラム新世紀へ』佐々木正美・内山登紀夫・村松陽子 監修（朝日新聞厚生文化事業団）
- 『新しい発達と障害を考える本① もっと知りたい！ 自閉症のおともだち』内山登紀夫 監修 伊藤久美 編（ミネルヴァ書房）
- 『新しい発達と障害を考える本⑤ なにがちがうの？ 自閉症の子の見え方・感じ方』内山登紀夫 監修 伊藤久美 編（ミネルヴァ書房）

| | |
|---|---|
| デザイン | 小林峰子・小西栄 |
| 編集協力 | 梅木 容 |
| ＤＴＰ | アトリエRIK |
| 企画編集 | SIXEEDS |

## 監修者紹介

### 内山登紀夫（うちやま　ときお）

精神科医師。専門は児童精神医学。順天堂大学精神科、東京都立梅ヶ丘病院、大妻女子大学人間関係学部教授、福島大学大学院人間発達文化研究科校臨床心理専攻教授を経て、2016年4月より大正大学心理社会学部臨床心理学科教授。2013年4月より福島県立医科大学会津医療センター特任教授併任。よこはま発達クリニック院長、よこはま発達相談室代表理事。
1994年、朝日新聞厚生文化事業団の奨学金を得て米国ノース・カロライナ大学TEACCH部シャーロットTEACCHセンターにて研修。1997～98年、国際ロータリークラブ田中徳兵衛冠名奨学金を得てThe center for social and communication disorders（現 The NAS Lorna Wing Centre for Autism）に留学。Wing and Gouldのもとでアスペルガー症候群の診断・評価の研修を受ける。

## 編者紹介

### 諏訪利明（すわ　としあき）

公認心理師。社会福祉法人県央福祉会県央療育センターで発達障碍の子どもたちの療育とその家族の相談にあたる。同法人海老名市立わかば学園園長等を経て、2012年より川崎医療福祉大学准教授、2015年より同大学院指導教員。1993～94年、朝日新聞厚生文化事業団の奨学金を得て、米国ノース・カロライナ大学TEACCH部シャーロットTEACCHセンターにて研修を受ける。TEACCH®公認上級コンサルタント。

### 安倍陽子（あべ　ようこ）

臨床心理士。安田生命社会事業団（現：明治安田こころの健康財団）子ども療育相談センター、横浜市南部地域療育センターで、発達障碍の子どもの評価、療育と家族の相談にあたる。現在は、横浜市東部地域療育センター診療部心理士。1993～94年、朝日新聞厚生文化事業団の奨学金を得て、米国ノース・カロライナ大学TEACCH部ウィルミントンTEACCHセンターにて研修を受ける。

| カバーイラスト | 開地　徹 |
| --- | --- |
| イラスト | 宮本　えつよし　　エダ　りつこ |

---

発達と障害を考える本①
ふしぎだね!?
新版　自閉症のおともだち

2019年9月20日　初版第1刷発行　　検印廃止

定価はカバーに表示しています

| 監修者 | 内山登紀夫 |
| --- | --- |
| 編　者 | 諏訪利明<br>安倍陽子 |
| 発行者 | 杉田啓三 |
| 印刷者 | 森元勝夫 |
| 発行所 | 株式会社ミネルヴァ書房 |

607-8494 京都市山科区日ノ岡堤谷町1
電話 075-581-5191 ／振替 01020-0-8076

©SIXEEDS, 2019　　モリモト印刷

ISBN978-4-623-08649-8
Printed in Japan

## いろんなともだち、広がる世界
# 発達と障害を考える本 全12巻

現場で長年支援を続けている
教師やカウンセラー、保護者の方の
声から生まれました！

### シリーズの特色

- わかりにくい発達障害を中心に、「障害を理解するための最初の1歩」を目的に作られています。
- よくある事例をイラストやマンガで紹介しているので、楽しく読んで、自然に理解が進みます。
- ふりがなつきで小学生から読め、大人にも読みやすく、親子で、先生と生徒で、一緒に読みながらみんなで考えることができる本です。
- 現場で長年支援を続けている先生方の、障害のある子どもたちに向けた温かいまなざしが生きています。

**第10回 学校図書館出版賞 大賞 受賞**

# 発達と障害を考える本 全12巻

AB判／各巻平均56ページ／各巻本体1800円

| | ふしぎだね!? | |
|---|---|---|
| 1 | 自閉症のおともだち | 監修＝内山登紀夫<br>編＝諏訪利明・安倍陽子 |
| 2 | アスペルガー症候群[高機能自閉症]のおともだち | 監修＝内山登紀夫<br>編＝安倍陽子・諏訪利明 |
| 3 | LD（学習障害）のおともだち | 監修＝内山登紀夫<br>編＝神奈川LD協会 |
| 4 | ADHD（注意欠陥多動性障害）のおともだち | 監修＝内山登紀夫<br>編＝えじそんくらぶ 高山恵子 |
| 5 | ダウン症のおともだち | 監修＝玉井邦夫 |
| 6 | 知的障害のおともだち | 監修＝原　仁 |
| 7 | 身体障害のおともだち | 監修＝日原信彦 |
| 8 | 言語障害のおともだち | 監修＝牧野泰美<br>編＝阿部厚仁 |
| 9 | 聴覚障害のおともだち | 監修＝倉内紀子 |
| 10 | 視覚障害のおともだち | 監修＝千田耕基<br>編＝大倉滋之 |
| 11 | てんかんのおともだち | 監修＝原　仁 |
| 12 | 発達って、障害ってなんだろう？ | 監修＝日原信彦 |